D1996284

Drutmar Cremer

Da die Zeit erfüllt war

Für Hannah Nieuwenhuis,
das kleine Mädchen aus den
Niederlanden

Drutmar Cremer

Da die Zeit erfüllt war

Frohe Legenden zur Weihnacht

Mit Holzschnitten von
Robert Wyss

Lahn Verlag Limburg

CIP-Titelaufnahme
der Deutschen Bibliothek

Cremer, Drutmar:
Da die Zeit erfüllt war:
Frohe Legenden zur Weihnacht /
Drutmar Cremer. –
Limburg: Lahn-Verlag, 1989.
ISBN 3-7840-2673-7

© 1989 Lahn-Verlag, Limburg.
Mitglied der Verlagsgruppe »engagement«.
Lektorat: Ursula Mock.
Holzschnitte: © Robert Wyss.
Gesamtherstellung: Pallottinerdruck und
Lahn-Verlag GmbH, Limburg.
Abdruck, auch auszugsweise, nur mit
Genehmigung des Verlags.

ISBN 3-7840-2673-7

INHALT

Hannah und Fabian, der Fuchs

Vor vielen hundert Jahren lebte in einem uralten, friedlichen Dorf im nördlichen Germanien, dessen Landstriche heute die Niederlande genannt werden, eine Frau, die den Namen Cordula trug. Sie war wunderschön anzusehen, und sie liebte ihren Mann und ihr schmuckes, kleines Haus, das mitten in einem Garten mit unzähligen Nelken, Hyazinthen und Rosen stand. Aber das Herz dieser jungen Frau war bei allem Glück, das sie dankbar empfand, dennoch oft betrübt und schwer. Denn sie sehnte sich von Jahr zu Jahr mehr nach einem Kind, und wenn sie tiefer in sich hineinschaute, so stand vor ihrer Seele das Bild eines goldgelocktes Töchterchens.

Sosehr sie sich der täglichen Hoffnung öffnete, der Himmel möge ihr geneigt sein und eine Tochter schenken, einen winzigen Engel gleichsam, ohne Flügel freilich, wie ihn wohl alle Mütter der Welt erträumen, ihre Sehnsucht blieb offenbar ohne Antwort. Nichts konnte ihr den vollen Frieden des Herzens geben, nicht ihr Pudel Leopold, auch einfach Polly genannt, der in ausgelassenen Sprüngen vor ihr tanzte, um sie zu erfreuen, nicht die zahlreichen Blumen ihres Gartens, ja selbst nicht ihr Mann mit all seiner Fürsorge und Liebe. Sooft auch der Frühling ins Land zog mit den wandernden Wolken am Himmel und

den aufbrechenden Knospen der Birken und Buchen, der Weidenkätzchen und der duftenden Veilchen, von den in allen Tonarten singenden Vögeln gar nicht zu reden, ihr Herz blieb umflort von leichter Trauer; denn ihr innigster Wunsch blieb ein Traum. Und Träume, nicht wahr, gehören zu den geheimnisvollen und nicht leicht deutbaren Vorgängen im Leben des Menschen, so anregend oder belastend sie auch sein mögen.
Aber Cordula verspürte nun einmal bei allem Glück, für das sie dankbar war, einen offenen, unauslöschlichen Traum, bei Tag und erst recht in der Nacht. Sie träumte von einer Tochter, und niemand konnte ihr diesen Traum ausreden. Vielleicht hatte Gott selbst ihr diesen Traum in die Seele gelegt. Dieser ist ja ein Meister der Träume und hat immer wieder die Seinen damit begabt und alle übrigens, die diese Sprache verstehen.
Dafür gibt es Beispiele genug.
Wer aber konnte Cordula raten und helfen? Wer konnte sie zur Geduld mahnen? Denn Geduld gehört ohne Zweifel zu den schwierigsten Künsten, wenn das Herz jung und der Tatendrang groß ist.
Wie das aber im Zusammenleben der Menschen aller Zeiten so ist, in dem alles zueinanderklingt und auf die Dauer nichts geheim

bleibt, sondern nach und nach – getuschelt oder offen erzählt – alles zu einer farbigen Geschichte wird, in der auch alles seinen Platz findet, Schönheit und Schatten, Angst und Erwartung, ganz wie im Herzen der Menschen, hörte Cordula eines Tages auf der steten Suche nach ihrem vollen Glück, draußen im dunklen, endlosen Wald, lebe irgendwo unter einer verwitterten Eiche eine uralte weise Frau, die nahezu alles wisse und vieles dazu, das zu ahnen die meisten Menschen sich nicht einmal getrauten. Tintinella sei ihr Name, was soviel wie »Glocke« heiße. Wohlklingend, nicht wahr, aber dies bedeutet nicht, daß sie ihre Weisheit an die große Glocke hänge. Nein, im Gegenteil! Kaum jemand habe sie bisher gesehen, weil nur jener zu ihr gelangen könne, der Mut habe zu suchen in den Wirrnissen des Waldes und vielleicht auch des eigenen Herzens. Cordula aber hatte diesen Mut, und nach einem tränenreichen Abschied von ihrem Mann und allen Lieben ringsum machte sie sich unverzüglich auf den Weg in den dunklen, geheimnisumwitterten Wald. Ihr Herz klopfte bis zum Halse vor Aufregung, so daß sie bei aller Ausschau und Erwartung selbst ihren Hunger vergaß. Nun, möglicherweise machte sie ihre Sehnsucht satt. Das ist nun einmal so bei allen

Menschen, die suchen. Und meist sind diese auch fähig, die Sprache der Tiere zu verstehen, seien diese gutmütig und freundlich oder häßlich und abscheuerregend. Ist es nicht so, daß in jedem Menschen eine wahrlich tiefe Sehnsucht nach dem verlorenen Paradies wach ist, in das umzukehren bisher meist nur wenigen erlaubt wurde, den Kindern etwa und denen, die nicht zu Fuß unterwegs sind oder mit der Kraft des Verstandes, sondern in tiefgründigen Bildern der Seele und – im Traum?
Von ähnlicher Gewißheit bewegt, lief Cordula in den düsteren Wald und ließ laut ihre Stimme hören: »Tintinella! Tintinella!« Nichts rührte sich. Selbst die Tannen und Kiefern standen stumm und still, als lauschten sie mit Cordula auf eine Antwort. Diese ließ sich nicht beirren. »Geduld! Geduld!« sagte sie sich selbst, und schallend rief sie erneut und langgezogen aus: »Tintinella! Tintinella! Hörst du mich?«
Stunden waren schon vergangen, da krächzte plötzlich über ihr aus einem mächtigen Baum ein pechschwarzer Rabe. »Mutig bist du, Cordula! Weil du mutig bist und dein Wunsch edel, darum möchte dich die alte, weise Tintinella empfangen. Ich führe dich.« Und er flatterte ihr voran über einen hohen Berg und durch einige Täler, von silbrigen Bächen

durchzogen, bis sie endlich in der Dämmerung des Abends eine große Wiese betrat, auf der ein moosbewachsenes Holzhaus stand, umgeben von hellen Himmelsschlüsseln und duftendem Seidelbast. Rauch stieg aus dem Kamin und deutete an, daß Cordula ihr Ziel erreicht und die weise Frau gefunden hatte.
»Ich danke dir.« Cordula winkte dem Raben zu, der sich mit heiserem Schrei auf den knorrigen Ast einer alten Eiche niederließ. Cordula klopfte an und trat durch die niedrige Tür. Tatsächlich! Tintinella saß mit weißem Haar auf einem breiten Lehnstuhl und lächelte ihr zu. »Guten Tag, Tintinella!« Cordula verbeugte sich. »Guten Tag, Cordula! Spät kommst du. Ich habe dich schon erwartet und dir meinen Raben Luzian geschickt, den treuen Gefährten. Ich habe von deiner Sehnsucht vernommen und die rufende Stimme im Wald gehört. Erzähle. Warum bist du traurig? – Du möchtest eine Tochter haben? Hat nicht alles seine Zeit im Leben, Cordula? Das Geborenwerden und das Sterbenmüssen? Und alles, besser, das meiste, hat seinen Preis. Nichts ist völlig kostenlos im Leben der Welt und der Menschen. Nur die Liebe, die echte Liebe, können wir nicht kaufen. Sie wird geschenkt. Weißt du das, Cordula?«
Cordula nickte. »Aber die Beständigen sie-

gen«, fuhr Tintinella bedächtig fort. Sie griff nach dem dicken Buch ihrer Weisheit, in dem seit altersher die Geschichte des Himmels und der Erde geschrieben ist und die Geschichte Gottes mit den Menschen dazu. »Hast du schon von Hannah gehört, die vor vielen hundert Jahren lebte und ebenso weinte wie du, weil sie sich nach einem Sohn sehnte? Aber ihr Schoß blieb verschlossen. Auch sie war traurig und betete unaufhörlich zu Gott im Tempel. Da erhörte sie Gott zu seiner Zeit. Er schenkte ihr einen Sohn und machte ihr Herz froh. Aber nichts ist ohne Preis. Hannah zog ihren Sohn groß und brachte ihn dann zurück in den Tempel. Sie opferte ihn dem Dienst vor Gott, dem Vater aller Menschen. Sie nannte ihn Samuel, und er wurde ein großer Prophet, der sein Volk in schwerer Zeit führte und ihm den ersten König salbte, den König Saul.
Nun höre, Cordula! Gott ist der Herr über Himmel und Erde. Er lebt über Raum und Zeit. Er allein kann helfen. Und Hannah vielleicht, die Mutter des großen Propheten. Ja wisse, Cordula, wenn Gott die Stimme deines Herzens aufnimmt und hört, dann wohl auch auf die Fürsprache der alten Hannah, die ewig jung bleibt durch ihre Liebe, die Verstehen schenkt. Auch du wirst eines Tages verzichten müssen, Cordula, wie alle Mütter. Denn nichts

besitzen wir für immer auf dieser Welt. Alles hat seinen Sinn und jeder sein Ziel – auch eine Tochter, die mit Sehnsucht erwartet ist. Und vergiß nicht: Tränen sind die edelsten Perlen der Welt!« setzte sie mit leiser Stimme hinzu.

Cordula sagte Dank und verabschiedete sich gerührt von der guten, weisen Tintinella. Als Luzian, der schlaue Rabe, Cordula zurückführte durch den unendlich groß scheinenden Wald, da malte der Abend einen roten Himmel über das schweigende Geflecht der Baumspitzen, und Cordula wußte sich jetzt von einer großen Liebe getröstet und verstanden.
Nun, ihr glaubt es kaum, das nächste Jahr brachte Cordula tatsächlich die ersehnte Tochter. Cordula wußte sich erhört und war voller Glück. Darum nannte sie ihre Tochter nach der Prophetenmutter Hannah. Denn Hannah bedeutet »Die Erhörte«, ja eigentlich noch mehr: »Die Begnadete«.
Hannah wuchs heran, ein zierliches Geschöpf, ganz nach dem Traum ihrer Mutter mit blondem Haar, hell wie Sonnenfäden, immer ein wenig scheu, aber verliebt in ihre eigenen Spiele. Sie pflegte vielfach ein weißes Tuch mit sich herumzutragen, als sei sie aus einer anderen Welt herangewinkt. Schon früh entwickelte sie eine merkwürdige Eigenständigkeit,

und wie zum Zeichen dafür drehte sie sich mit ihrer Linken kleine Lockenkringel in ihr blondes Haargeflecht, als ahne sie schon jetzt, sie müsse ihren Weg selbst finden auf dieser Erde, und als denke sie frühzeitig darüber nach, wie sie ihn, jetzt noch umgeben von Puppen und Spielzeug, später zu gehen gedenke.
So wurde Hannah zehn Jahre alt, als sich wahrlich Gewaltiges ereignete. Zu jener Zeit ging die Kunde um unter den Menschen der Erde – in Windeseile, versteht sich, und bisweilen noch schneller als der Wind –, der ewige, große Gott wollte seinen Sohn auf die Erde senden und Mensch werden lassen, aus Liebe zu allen Menschen und Geschöpfen, und keine Bedrohnis und Dunkelheit der Welt könnten seinen Entschluß rückgängig machen, ja nicht einmal die Engel des Himmels hätten die Macht dazu, die unendliche Weisheit des Höchsten auch nur zu ändern. Im Gegenteil! Die Engel hatten sogar die wichtige Aufgabe übernommen, dieses Vorhaben ihres Herrn überall zu verbreiten, manchmal sehr behutsam und leise wie der Erzengel Gabriel, der begabte Himmelsdiplomat für die unglaublichsten Wunder auf Erden, oder auch sehr laut ausgebreitet wie die Engel auf den Fluren von Betlehem mit ihren endlosen Lobgesängen der Dankbarkeit und des Jubels. Die

Menschen hörten von dieser Freudenbotschaft, und gar viele wollten verständlicherweise ihre Aufwartung machen, die ewig unruhigen Abenteurer zuallererst, dann die Frommen, die Suchenden, die von Not Bedrängten und schließlich auch die Neugierigen – das ist zu menschlich von Anbeginn.

Auch Hannah ließ sich erzählen, was sich da begeben hatte im fernen Orient mit seinen weiten, gefährlichen Wüsten, seinen Olivenhainen, Palmen und Kakteen, und mit einem Mal, gleichsam wie von selbst geboren, in Wirklichkeit aber von Gott gelenkt, stand in dieser kleinen blondgelockten Hannah – schmächtig wie eine Fee – der Entschluß fest, das Kind in der Krippe zu besuchen, wo immer es sei und in welcher Lage es sich auch befinde, reich beschenkt durch viele Besucher und Wohltäter oder arm wie die Bettler vor den Toren Jerusalems und vor allen Städten der Welt, so bedeutungslos und klein diese in jenen Zeiten noch gewesen sein mögen. Bettler gab es halt immer schon wie die Schatten auf der Rückseite des Sonnenlichts. Daran änderte auch der Geburtstag des Gottessohnes nichts. Ihrer Mutter Cordula aber wurde das Herz schwer, und die Schatten der Traurigkeit setzten sich neu in ihr fest.

In einem nächtlichen Traum erschien ihr darum Tintinella und fragte lächelnd: »Cordula, erinnerst du dich meiner Worte? Hat nicht alles seine Zeit? Das Geborenwerden und das Sterbenmüssen? Und hat nicht alles seinen Preis? Dein Kind heißt Hannah und steht unter dem Schutz einer großen Frau. Vertraue dem Leben! Gib sie her, aber so, wie die Liebe es tut. Denn nichts besitzt der Mensch so fest und für immer als das, was er hergibt – aus Liebe!« fügte sie hinzu und verschwand. Cordula erwachte und rief zum Himmel. Denn eine Gabe des Herzens war plötzlich in ihr wach geworden, die nur Menschen besitzen, die wirklich lieben: das Vertrauen. Aber sie flehte: »Wie kann ich meine Hannah hergeben ohne Begleitung und Schutz für so weite, gefahrvolle Wege?« Die Prophetenmutter Hannah, jenseits von Raum und Zeit, hörte ihre flehenden Bitten und half ihr sofort zum zweiten Mal.

Sie zog durch die ungeheuren Hallen des Himmels in die Abteilung der überhellen Lichtblitze und der dumpfen Donner, in die geradezu endlosen Gänge der Wolken, große und winzig kleine, solche mit Morgenstimmung und andere in Abendfarben, von Engeln sorgsam behütet, und betrat zuletzt auch die Riesengewölbe, in denen die Himmelsrichtungen aufbewahrt werden, der sonnige Süden, der lichte Osten, der dunkle Westen und der kühle, ja eisige Norden. Hannah suchte mit Hilfe eines alten, erfahrenen Engels eine zierliche, rosafarbene Wolke aus, ganz weich und bequem natürlich, herrlich anzusehen, so daß selbst dem mächtigen Engel an der Himmelspforte Tränen der Rührung über die Wangen hüpften. Das ist doch bemerkenswert, nicht wahr, bei all dem aufgeregten Gedränge am damals schon entscheidenden Tor der Welt.

Hannah aber schob die Wolke aus dem Gewölbe des Nordens auf eine Startrampe, ausgerüstet mit der Kraftquelle eines Blitzes und dem Donner der Frohen Botschaft. Dann schickte sie die Wolke in das Dorf der Niederlande, wo ihre junge Namensträgerin Hannah lebte.

Ihrer Mutter Cordula erschien sie im Traum und versprach ihr den Schutz für ihre Tochter Hannah. »Laß sie reisen auf meiner herrlichen Wolke in das Land der Geburt unseres Gottes!« sagte sie lächelnd und ein wenig stolz dazu. »Du wirst es nicht bereuen!« rief sie winkend und wurde unsichtbar.

So begab es sich, daß Hannah in erregend jungen Jahren an einem frühen Morgen ihre Eltern umarmte – wie es sich gewiß zu allen

Zeiten geziemt – und mit einem großen Stück Käse ihrer Heimat als Geschenk, dazu angezogen mit einer feinen, weißen Mütze als Reiseschutz auf die rosarote Wolke stieg, die vom Himmel herabkam. Mit ihr sprang als Freund und Begleiter der silberzottige Pudel Polly auf das samtweiche Gefährt. Der heitere Pudel wollte sein Schoßhund-Dasein endlich verlassen und sich selbständig umsehen in der weiten Welt. Eine schlaue Karriere gedachte er zu machen. Darum fiel ihm der Abschied nicht schwer. Verständlich. Er war jung genug und nicht etwa im Rentenalter.

Hannah ergriff mit sanfter Hand einen hellen Blitz, entließ einen lauten, grollenden Donner als Abschiedsgruß, und schon sauste die Wolke in die Lüfte, gelenkt vom Engel der Windrose, der alle Richtungen kennt von Urzeit her und nie einen Schützling in die Irre führt bis in alle Ewigkeit. Von daher wissen wir heute noch, daß die Menschen einen Schutzengel besitzen, wenn sie Vertrauen haben und Glauben an den Sinn aller Richtungen der Welt.

So kam Hannah mit ihrem Pudel Polly an die Krippe von Betlehem; eine etwas dürftige Behausung, wie sie gleich meinte – mit altklugem Blick, zugegeben. Nun ja, von wohlhabendem Glanz war auch kaum zu reden, trotz

der räumenden, putzenden und singenden Engel und der reichen Geschenke, die von den Hirten der Umgebung stammten und auch – wie es hieß – von den drei Weisen aus dem Morgenland, die ihre königliche Aufwartung mit allem Pomp zu diesem Zeitpunkt schon gemacht hatten. Die Bewohner der Gegend erzählten sich Wunderdinge von ihnen. Ist das nicht verständlich? Wenn es schon sonst nicht viel zu berichten gab in diesem elenden Nest abseits der großen Straßen und Reisewege, dann vermögen Elefanten und Kamele, Gold und Weihrauch und farbige Gewänder in solch unerhörter Fülle gewiß Eindruck zu machen, von der pechschwarzen Hautfarbe eines der drei Könige und seinen unzähligen Dienern ganz zu schweigen.
Hannah war eigentlich froh, ein wenig später einzutreffen. Das Gedränge hatte offensichtlich nachgelassen, und die Wartezeiten der Besucher verkürzten sich spürbar. Und zu guter Letzt – das wußte sie naseweise schon damals – lassen sich die wirklich Vornehmen immer erst später erwarten. Sie treten auf, wenn ihre Zeit gekommen ist, aber dann mit deutlichem Gewicht – am Ende nämlich. Auch das ist so geblieben bis auf den heutigen Tag. Nur, daß sich manche liebenswerte Zeitgenossen, die nie pünktlich sind und immer zu

spät kommen, deshalb schon für vornehm halten.
Hannah trat auf mit dem wirklichen Charme derer, die immer zur rechten Zeit erscheinen, sicher und frei, mit einem Herzen voll Lächeln und mit dem Käse ihrer Heimat in den Händen. Maria und Josef blickten mit Güte und Wohlgefallen auf sie. Vielleicht mochte das inzwischen ein wenig Routine sein. Denn auch sie blieben Menschen dieser Erde, jedoch mit einem sichtbar leichten Ansatz von Heiligkeit. Der Ochs und der Esel machten ihrem Ruf alle Ehre. Sie wirkten müde und mürrisch. Nun, sie gehörten zum Personal und waren nicht gerade entscheidend für das Zeremoniell der einzelnen Auftritte am Hofe des künftigen »Königs der Juden«.
Das Kind in der Krippe jedoch, unbestreitbar leuchtender Mittelpunkt, dazu jedenfalls die wirkliche Wende für viele betrübliche Zustände der Welt, war gütig und überaus mild.
Es nahm Hannahs dicken, saftigen Käse in seine kindlichen Hände und winkte dem kleinen Mädchen freundlich zu. Und siehe! Der Käse in der Hand des Gotteskindes wurde plötzlich ganz rot, und seitdem tragen viele Käsesorten der Niederlande eine rote Schale, ein Sinnbild für Wohlbehagen, Freude und

Glück. Die weiße Haube der Hannah beugte seitlich ihre Spitzen nach oben, und genau seit dieser Stunde sind solche entzückenden Hauben eine besondere Auszeichnung für junge Mädchen und Frauen im Lande ihrer Herkunft.

Polly aber, der immer einen Drang zur Selbständigkeit besessen hatte und dem meist etwas Ausgefallenes und Besonderes einfiel, tanzte kerzengerade auf seinen Hinterpfoten, dann auf seinen Vorderbeinen, so flink und so elegant, daß alle Zuschauer glauben mochten, er sei einem Zirkus entlaufen. Vielleicht witterte er auch nur endlich die Chance für die ersehnte neue Karriere. Und siehe! Das Kind in der Krippe hatte sichtbar ein solches Wohlgefallen an diesem munteren Gesellen mit seinen drolligen Einfällen, daß seine Wangen noch einmal rot erglühten, und dieses Rot strahlte über Pollys silberzottiges Fell. Ob ihr es nun glaubt oder nicht: Aus dem amüsanten Pudel wurde ganz schnell ein rothaariger, schlauer Fuchs mit einer spitzen Nase und mit selten klugen Augen. So überrascht war auch Hannah, daß sie ihm sofort einen neuen Namen gab: Fabian. Denn seine Kunststücke waren geradezu fabel-haft.
Hannah und Fabian hatten Gefallen aneinan-

der gefunden und beschlossen, von nun an zusammen zu bleiben. Das Gotteskind aber zupfte aus seiner Krippe einen langen, weichen Strohhalm und überreichte ihn dem Mädchen mit spürbarer Rührung zum Abschied. Aus dem Strohhalm wurde unter den Augen des Gotteskindes eine duftende, nie welkende rote Blume, die Hannah mit einem unvergeßlichen Knicks in Empfang nahm.

So wurde diese Blume zu einem lebendigen Wahrzeichen für Hannah. Dazu waren sie so selbständig und erwachsen geworden, daß sie keine Wolke zu ihrer Rückreise mehr nötig hatten, auch keinen Blitz, höchstens bisweilen einen Engel, wie halt jedes Geschöpf der Erde, dessen Ankunft noch nicht voll gesichert ist. Aber weil Hannah und Fabian von nun an fest mit den Füßen auf der Erde blieben und nicht verträumt auf einer fernen Wolke hockten, wanderten sie in Ruhe und Frieden viele Jahre hindurch von der Krippe zu Betlehem durch unzählige, wunderschöne Länder nach Norden zurück. Sie ließen sich führen von der spitzen, schlauen Nase eines Fuchses, der Fabian hieß, und vom Duft einer Blume, die Hannah ganz liebevoll und behutsam in ihren Händen trug.

Sie suchten nach einem Land, in dem sie miteinander glücklich sein wollten, ein Land voller Grün und Leben, ein Land der Stille und der Erinnerung. »Eine Insel dürfte es sein«, meinte Hannah treuherzig. Denn eine Insel schenke gleich beides: die herrliche Abfahrt in alle Fernen der Welt und das geheimnisvoll wundersame Erleben einer immer neuen Heimkehr. Und was glaubt ihr? Sie fanden »ihr Land«. Aus dem Abstand vieler Jahrhunderte sagen freilich die Menschen heute kurz: Ir-land.

Hannah pflanzte ihre Wunderblume an viele lange Wege dieses schönen, immer grünenden Landes, und sie wurden zahlreicher als die Sterne des Himmels und der Sand an den Küsten der Meere, so daß selbst Vater Abraham bei dieser Nachricht fast neidisch geworden wäre.

Hannah aber schaute ihren Fuchs Fabian in überaus zärtlicher Liebe an und nannte ihre Blume ihm zu Ehren »Fuchsie«. Und als sie genauer hinschaute und nachdachte, siehe, da verstand sie auch endlich, warum das göttliche Kind im Stall von Betlehem dem Fuchs Fabian mit den roten Haaren einen schlauen Verstand geschenkt hatte und ihr eine rote Blume, die fähig war, sich unendlich zu vermehren und immer neu zu blühen. Sie war ein bleibendes Sinnbild der Liebe. Im Leben, wenn es glücken soll, nicht wahr, gehört beides zusammen: Liebe und Verstand.

Oft und oft aber spazierten Hannah und Fabian auf den Alleen ihrer Insel entlang der hohen, langgestreckten Fuchsienhecken. Und als Hannah später heiratete, wurde sie zudem die Stammutter der Iren, die deshalb meist rote Haare haben, weil Hannah mit Fabian, dem roten Fuchs, an der Krippe in Betlehem gewesen war. Und seit der frommen Reise von Hannah und Fabian sind auch die Iren ein äußerst reiselustiges Volk. Ihr findet sie gewiß in allen Teilen der Welt. Denn eine Insel lädt ein zur Abfahrt und macht glücklich beim Ankommen.

Sagt bloß, ich hätte nicht recht.

Unterwegs zum Stall

Augustus, der mächtige König der Römer, war ein weiser Herrscher. Er hatte zur Zählung aller Untertanen aufgerufen, um seine Macht messen zu können, wie es die Großen dieser Erde zu allen Zeiten geliebt haben. Freilich, er konnte kaum dabei ahnen, welche Mühsal dies bei den Kleinen und Stillen im Lande bringen werde.

So trug auch Josef Sorgen in seinem Herzen, die er vor Maria gewiß verbarg, obwohl er insgeheim seine Stirn oft genug in Falten legte. Er hatte zwar auch dieses Mal Vertrauen zu den Fügungen des Himmels und die geheime Hoffnung, ein Engel werde ihm wiederum ein Hintertürchen offenhalten, wenn sich schon nach menschlichem Ermessen vorne kein Ausweg ergab. Aber wie könnte er es wagen, so grübelte er wieder und wieder, eine neue Weisung im Traum zu erwarten? Das wäre vermessen! Natürlich, wenn man bedenkt, welch krauses und törichtes Zeug den Menschen im Traum gewöhnlich einfällt, dann mochte es beinahe himmlisch dünken, die Bilder eines Traumes erfüllt zu sehen. Einen Traum aber zu fordern und von Gottes Engel ein Wort unbedingt dann zu erbitten, wenn wir Menschen in unserem Erdenkummer verzweifeln und verstummen möchten, schien ihm fast ebenso ungeheuerlich wie etwa von

Luzifer eine Kehrtwendung zum Himmel zu verlangen.
Jedenfalls fühlte sich Josef bedrückt. Maria war gesegneten Leibes, und wie sollte sie die Mühen dieser Reise überstehen, wenn sich zu allem Wenn und Aber auch noch sein Esel störrisch gab, dessen trübsinnige Stimmung er längst mit Kennerblick bemerkt hatte.
Und tatsächlich! Dem guten Grautier lief die Galle über. Hin und wieder hatte es nämlich aus zarten Andeutungen der Jungfrau Maria und aus Josefs grüblerischem Brummen, das unentdeckten Heiligen gerade noch erlaubt sein mochte, die Richtung seiner künftigen Wege entnommen. Es war sich zu gut der kommenden Lasten bewußt. Schließlich hatte es Erfahrung und stand mit vier gesunden Hufen auf dem Boden, auf dem Boden der Wirklichkeit.
Wenn es nur Maria gewesen wäre! Sie war ihm jederzeit willkommen. Die freundlichen Erscheinungen des Lebens zu tragen, fiel ja niemandem schwer, selbst einem Esel nicht. Aber den übrigen Troß: den drückenden Sattel, die Kochtöpfe, Wasserschläuche, Datteln, Feigen, Leintücher und Windeln und vor allem dazu noch den mächtigen Ballen Heu, das ihm selbst bestimmt war! »Puh!« schüttelte er sich, »immer denselben Eintopf!« Und da er

gerade allein war und somit keinen schlechten Eindruck machen konnte, schlug er kräftig und unwillig mit seinen Hinterhufen aus. Das erleicherte ihn. Unter Umständen, so grübelte er verdrossen, gehörte er zu den bedauerlichen Geschöpfen, die selbst in strahlendem Sonnenschein mißmutig sind, weil sie unentwegt an die möglichen Schatten denken. Und weil er ein kluger Esel war, erkannte er wehmütig, die schwerste Last auf Erden sei wohl das eigene Ich, welcher Art es auch sein mochte, dunkel wie ein Mohr oder hell wie ein Morgenstern. »Herr, gib mir Schatten, damit ich der Sonne glaube!« seufzte er leise und lächelte. Seine Ohren neigten sich, stumm und ergeben.
So glaubte Josef an ein kleines Wunder des Himmels, da er die üblen Gemütswallungen des Esels plötzlich verflogen sah. Denn die Zeit war erfüllt, und die Reise mußte beginnen. Er faßte den guten, alten Genossen am Halfter und streichelte ihn an den empfindsamen Nüstern, als wolle er ihn mit seinem väterlichen Verstehen trösten und ihm neuen Mut bereiten. Dann legte er ihm kurzentschlossen das Zaumzeug an und behängte ihn mit dem nötigen Hausgerät. Zuletzt hob er die Jungfrau sanft und sorgsam in den hohen Sattel, von dem Esel mit einem freudigen »IAH« begrüßt und von Josef selbst bewundert wie eine Perle

in der Krone des Königs David, der ja auch Mariens Ahnherr war. Sodann ergriff Josef den Wanderstab, blickte noch einmal prüfend in die Runde und hätte sich zum Abschied sicher bekreuzigt, wenn dies schon damals das wirksame Zeichen wider den dunkelsten Burschen der Schöpfung hätte sein können.
Indes zogen Josef und Maria von Nazaret durch das karge Bergland in ihre Heimat, die kleine Stadt Betlehem. Gar niemand beachtete sie auf ihrer weiten Wanderschaft. Manche im Judenland wollten halt Gewinn schöpfen aus der Notlage der Menschen – wie das immerdar üblich ist. Josef und Maria jedoch waren arm, und auch ihre königliche Herkunft machte ihren Beutel nicht voller, höchstens ihr Herz, aber das blieb dem Zugriff der Menschen entzogen. Die Mächtigen und Klugen des Volkes lagerten nicht wie Flüchtige an den Wegen und Dornen des dürren Landes oder in den billigen Herbergen der Armen. Nein, sie lebten am Hof des Königs oder im Wohlstand der größeren Städte, und sie hatten kein Auge für dieses junge, armselige Paar, das seine Geschicke nicht einmal dem hohen Höcker eines schnellfüßigen Kamels anvertrauen konnte, sondern bloß dem wankelmütigen Willen eines bescheidenen, grauen Esels. Und das war bitter genug! Hätte nicht ein strahlen-

der Stern den traurig tönenden Taktschlag der Eselshufe mit seinem Licht liebevoll gemildert und die heilige Hut des himmlischen Vaters verkündet, ach, Josef und Maria hätten im Schweigen der Menschen den Mut verloren. Nie hatten sie zuvor gedacht, daß Schweigen so weh tun könnte! Aber sie hatten ein hoffendes Herz und verstanden die Zeichen des Himmels.

Die Disteln am Wegrand etwa begriffen, wer da des Weges kam, und verneigten sich zu tiefem Bückling. Und siehe: seitdem tragen alle stechenden Disteln wunderbar blaue Blüten als den Widerschein des Blickes, den die Jungfrau dankbar schenkte. Die spröden Dornen, die ehrfürchtig vom holperigen Wegrand zurückwichen und dabei das Gewand der Gottesmutter streiften, als hänge ihr Glück davon ab, empfingen den Segen des Himmels. Noch heute tragen die dunklen Dornen im Frühjahr einen hellen Blütenflaum, der anmutet wie eine Gabe aus dem Schleier Mariens.

Und so bedeutet das Staunen der stummen Schöpfung vielleicht deshalb eine freundliche Geste des Höchsten, weil kein Wort der Welt das Geheimnis gebührend hätte besingen können, das Maria unter ihrem Herzen trug.

Tage und Tage begleitete das Paar fast nichts anderes als der Wind der Wüste und die Kälte der Nacht. Nun fühlte Maria ihre Stunde nahe und erfüllt. Niemand hatte sie aufgenommen. Niemand hatte seine Haustür auch nur weiter als einen winzigen Spalt geöffnet, wenn offenbar wurde, Barmherzigkeit sei ihre Bitte und bares Geld sowenig in Aussicht wie die Freiheit aus der Knechtschaft der Römer.

Josefs letzte Hoffnung wurde schließlich die Herberge zu Betlehem. Der Wirt trat schwer und breitbeinig vor die Tür seines großen Hauses und betrachtete im Schein der vielen Hoffeuer naserümpfend die neu ankommenden Gäste. Die Kamele im Halbdunkel der zuckenden Flammen reckten schnuppernd ihren langen Hals, als witterten sie allein in diesem Kreis lärmender Kreatur verborgene Heiligkeit.

»Mein Haus ist voll!« hatte der Wirt auf die bescheidene Geste Josefs laut gerufen, und unwillkürlich hatte die reibende Bewegung zwischen Daumen und Zeigefinger seine Vorstellung angedeutet. Aber dann rührte es ihn doch, da er Maria sah. »Eine Stelle im Hof ist noch frei. Sogar beim Feuer!« stotterte er nahetretend. »Und ohne Bezahlung!« fügte er hinzu, verlegen und steif, wie es nur ein Mann sein kann vor den zarten Geheimnissen des Lebens. Er konnte ja nicht wissen, wie es um die Jungfrau wirklich stand. Maria lächelte

dankbar und fein. »Es ist zu laut hier draußen«, erwiderte sie leise. Sie streichelte den Esel am rechten Ohr, der diese Sprache verstand und langsam wendete. Auch der Esel spürte die Melancholie dieses Augenblicks.

So begab es sich, daß Josef und Maria in einem alten Stall, nahe bei Betlehem, aber fern der Menschen, einen halbwegs geschützten Platz fanden. Auf dem schütteren Stroh hob ein Ochs, müde und faul wie ehedem, nur ein Augenlid zur Begrüßung. Vielleicht war auch dies nur die schwache Neugierde eines Benachteiligten, den die Hoffnungen des Lebens enttäuscht hatten.

Dann geschah das Wunder dieser heiligen Nacht. Maria gebar einen Sohn, den der Engel verheißen hatte und der im plötzlich helleuchtenden Licht des Himmels von vielen Engeln wunderbar verherrlicht wurde: »Friede den Menschen auf Erden! Freuet euch! Alleluja!«

Im unbeschreiblichen Klingen der Engelchöre fanden auch die Menschen neu ihren Weg und ihr Wort. Sie eilten herbei, die Hirten von den nahen Feldern mit ihren Früchten, den Lämmern und der wärmenden Wolle, staunend und stammelnd, betend und preisend den neuen König der Welt. Ja, selbst der ewig bequeme Ochs öffnete nun zwei glänzende Augen, und es spiegelte sich in ihnen, was er

im stillen nie ganz verloren hatte: die Hoffnung.
Der Esel aber stellte seine Ohren kerzengerade, als sei er nun zu neuen Lasten immerdar bereit. Seine Augen strahlten aus, was kein Schatten der Welt je noch trüben konnte: die Freude.
Das eigentlich große Erlebnis für alle, die zur Krippe in dieser Nacht geeilt waren, wenn sie nicht schon vorher ohne eigenes Verdienst anwesend waren wie der Ochs und der stumme, alte Rabe im finsteren Gebälk, nahte erste ein paar Tage später. Die Engel hatten sich inzwischen alle redliche Mühe gegeben, dieses elende Hinterquartier wohnlicher zu machen. Sie hatten geräumt, gefegt, geputzt und immer wieder so innig gesungen, daß der Ochs dabei sogar das Widerkäuen ganz vergessen hatte. Wen hätte auch so eine heilige und fromme Gesellschaft nicht veranlaßt, seine Tischmanieren aufzubessern, nicht wahr!
Aber kurz und gut, wie das immer so ist im Leben der Menschen auf Erden, das Besondere und Vornehme, wenn es sich schon überhaupt herabläßt zu den Niedrigen und Armen der Welt, nähert sich mit Verspätung. Es will ja auch erwartet und gebührend bewundert sein.

Jedoch, das verspätete Eintreffen der drei Weisen aus dem Morgenland hatte ganz gewiß nicht seinen Grund in hochmütiger Gesinnung. Im Gegenteil! Sie waren demütige und einfache Männer, die lange und beinahe erfolglos nach dem neuen König der Juden geforscht hatten. In Jerusalem endlich hatten ihnen die klugen Berater des Königs Herodes unbegreiflicherweise genau sagen können, wo dieser bedeutende Königssohn geboren werden sollte, ohne selbst auch nur den kleinsten Finger zu rühren: in Betlehem nämlich, in diesem verlassenen Nest, dem offenbar nur noch alte, fast vergessene Prophetensprüche die Treue gehalten hatten.
Kaum hatten sie sich aber nach Betlehem in Bewegung gesetzt – von den teuflischen Plänen und Blicken des Königs Herodes mißgünstig verfolgt –, da erschien auch wieder ihr alter Gefährte vieler Wochen und Monate, der Stern, und nun tanzte er in so einfältiger Begeisterung vor ihnen her, daß jetzt ihr Ziel ganz nahe sein mußte. Und wirklich! Ob sie es glauben wollten oder nicht, der Stern blieb mit einem festen und sicheren Ruck über dem öden Stall stehen und erleuchtete alle, die dort versammelt waren. Sie stiegen mit ihrem zahlreichen Gefolge von ihren Kamelen und Dromedaren und Elefanten ab und nahten

sich vorsichtig und gläubig der Krippe. Die Hirtenmusik und der wunderbare Engelchor begleiteten den Einzug der drei weisen Könige. Sie beugten vor dem göttlichen Kind die Knie, beteten an und legten ihre Gaben nieder, die sie auf ihrer anstrengenden und gefährlichen Reise mit sich geführt und sorgsam für diesen Augenblick gehütet hatten. Ach, es ist eigentlich gar nicht zu beschreiben, welche Freude und Einmütigkeit herrschte und welch frohe Stimmung den Stall und seine Gäste erfüllte! Da knieten sie nun, Balthasar, Kaspar und Melchior, offenbar aus den entferntesten Reichen der Erde, ihre Hautfarbe deutete es an: Weiß, Gelb und Schwarz, und ich weiß nicht, warum wir uns heute etwas zugute halten. Die UNO der Welt war schon damals verwirklicht.
Obwohl selbst königlichen Geblüts, waren Maria und Josef ebenso gerührt wie verlegen. Was hatten sie schon zu bieten vor solch hohen Herren, den Boten der Weisen und Mächtigen der Erde? Kein Wunder also, daß sie stumm blieben wie der schwarze Rabe oben im Gebälk ihres eigentümlichen Königspalastes.
Aber siehe da! Das göttliche Kind breitete plötzlich mit glänzenden Äuglein einladend beide Arme aus und lächelte so gnädig und so huldvoll, als nehme er in diesen drei weisen,

lauteren Männern alles dankbar an, was die Menschen ihm je darbringen sollten. Ja, noch mehr! Es hatte den Anschein, als teile das Kind alle Gaben wieder aus und als seien die Schenkenden die am meisten Beschenkten. Da begriffen mit einem Mal Maria und Josef, warum sie keine bürgerliche Bleibe gefunden und warum Gottes Sohn so ungewöhnlich in einem Stall zur Welt kommen mußte. Sein Haus war die weite, farbige Welt der Menschen und sein Schutz darin das offene, liebende Herz.

Suleika träumt den großen Stern

Im Vorderen Orient lebte vor vielen hundert Jahren ein junges Hirtenmädchen unter Ziegen und Schafen in einem lieblichen Land voll duftender Oasen, Blumen und Blüten, inmitten unendlich scheinenden Wüsten und Weiden. Die Eltern fanden den Namen Suleika, und sie erfüllten ihn mit Zärtlichkeit und Poesie.

Suleika war zierlich anzusehen mit ihrem pechschwarzen Haar und in dem bunten Rock. Sie war ein Naturkind und hielt sich darum am liebsten draußen unter ihren Tieren auf, den dickwolligen Schafen und den Langhaarziegen, die sie alle mit ihrem Namen kannte und auch rief, wenn die Zeit gekommen war, sie von den saftigen Wiesen ihres Dorfes heimzuführen und zu melken. Es bedeutete täglich ein kleines Fest, wenn Suleika am frühen Abend mit ihrer Herde nach Hause zurückkehrte. Die Glocken am Halsband ihrer Ziegen läuteten gleichmäßig ein dunkles Lied voller Rätsel und Fragen, und die neugeborenen Lämmer hüpften zu den Melodien der Dunkelglocken, als suchten sie mit ihrer Lebensfreude eine eigene Antwort, wie es halt die Jugend liebt, die immer meint, die Welt sei mit ihr geboren und fange darum erst an.

Suleika saß tagsüber unter ihren Tieren im

Duft der Eukalyptusbäume und im Silberglanz der Oliven. Sie liebte es, zu träumen und den Einfällen und Bildern ihrer Seele nachzugehen.
Sie spielte auf einer Flöte alle Lieder, die ihr einfielen, und sie schaute bedächtig den Wolken nach, die am Himmel vorüberzogen, bisweilen schwärzlich und mit Regentropfen behangen, meist aber wie auf Flügeln, flink, leicht und licht, von der Sonne durchwärmt. Wo kommen sie her? Wo ziehen sie hin? Sie blinzelte ihre Fragen freundlich und phantasievoll in den Himmel.
Wer gibt den Wolken und den Menschen die Muße zu leben und der Welt in ihrer farbigen Vielfalt und Schönheit dankbar zu begegnen, um dann eines Tages, wenn die Zeit reif ist, zu versinken in einem großen Geheimnis, das jeder Mensch ahnend in sich trägt und vor dem die meisten Angst haben, weil alle, die dort anklopfen und eintreten, nie wieder zurückkehren? Sie wurde bei solchen Gedanken ganz still.
Indes, Suleika griff nach ihrer Flöte und hing auf ihre Weise diesen unlösbar scheinenden Geheimnissen des Lebens nach. Je mehr ihre kleinen Finger die Löcher der Flöte deckten und behend auch wieder öffneten in einem wundervollen Rausch von Auf und Ab, Hell

und Dunkel, Laut und Leise, um so mehr kam es ihr deutlich in den Sinn, daß ein unverstehbarer Wechsel die Tage und Monde teilte, der immer gleich blieb und doch nicht meßbar schien, erfüllt von den Wundern der Begegnung zwischen Morgen- und Abendstern in der blühenden Helle des Tages.

Eines Morgens jedoch, da Suleika auf der Sommerwiese ihres Dorfes zwischen Margeriten und Weidenröschen alle Lieder übte, die ihr einfielen, sah sie plötzlich ihre alte Freundin, die dicke, weise Kröte Olga mit ihren Augen, die immer so glänzten, als seien alle Fragen der Welt im Tiefsten schon beantwortet.

»Guten Morgen, Olga«, rief Suleika überrascht und flötete ihr einen Willkommensreigen.

»Guten Morgen, Suleika«, unkte die Kröte, die stets plötzlich und meist unerwartet ins Blickfeld kam, mit einem gemächlichen Hüpfer, der ihr Erkennungszeichen war. Sie erschien, um die Freuden der Menschen zu teilen, nicht selten auch ihre Schwermut.

»Du träumst mal wieder, Suleika«, kicherte Olga.

»Ach«, erwiderte Suleika, und ihre Stimme bekam einen altklugen Ton, »ich denke seit langem nach über etwas, das da ist und ständig vergeht. Wir können es einteilen, zählen und doch nicht berechnen. Vielleicht ist es traurig, daß wir es nicht halten können, obwohl die Menschen dies immer neu versuchen, ein Leben lang.«

»Nicht wahr, du meinst die Zeit«, lächelte Olga, »sprichst du immer in Rätseln?« Ihr breites Maul wirkte wie die Bühne eines Wanderzirkus, volksnah und menschenfreundlich. »Ja, die Stunden, Tage und Jahre fließen dahin und vergehen. Das ist mal so«, betonte sie dann leise. »Aber sie alle hinterlassen Spuren auf dieser Erde. Die Zeit ist irdisch, aber wirkungsvoll und kostbar. Denn in ihr entscheidet sich das Schicksal der Menschen und der Welt.« – »Aber was ist denn die Zeit? Wo kommt sie her? Wo geht sie hin?« fragte Suleika ein wenig bekümmert.

»Die Zeit ist wie eine herrliche Musik voll Wunder, Trost und Harmonie, die alle Tage und Nächte, Monate und Jahre leise durchtönt und am Ende ein Tor öffnet, hinter dem alle Rätsel der Welt gelöst sind. Alle, die eintreten, erfahren plötzlich, daß sie selbst die Musik der Zeit gespielt haben, jeder auf dem Instrument, das ihm bestimmt war«, dozierte Olga, die weise Kröte.

»Hast du denn keine Angst vor dem großen Tor mit dem Wagnis der Rätsel und Unsicherheit?« fragte Suleika erstaunt.

»Aber nein«, lächelte Olga, und ihre Augen glänzten in einem Schein, als sei sie selbst schon durch das Tor hindurchgehüpft.

»Das Tor führt zu einem unaufhörlichen Tanz der Freude und zu einem Reigen des Wiedersehens und der Begegnung, der die Herzen aller höher schlagen läßt. Die irdische Zeit ist dann vorüber. Alles bleibt, alles singt. Die Weisen ahnen das jetzt schon. Und die Liebenden der Erde. Ja, sie wissen es«, setzte sie nachdenklich hinzu. »Gibt es denn auch entscheidende Stunden im Laufe der Welt und im Leben der einzelnen Menschen?« wollte Suleika wissen.

»Aber natürlich«, gab Olga zur Antwort, die immer dann besonders weise wirkte und voll klugem Schalk, wenn die Fragen schwer erschienen oder unlösbar sogar.

»Die Menschen nennen diese Stunden ›Sternstunden‹ seit alters her, und sie lesen zudem mit Neugier aus ihnen die Geschicke ihres Daseins, ihre Gegenwart und vor allem die Zukunft.«

»Aber es gibt zahlreiche Sterne am Himmel voll unbestechlicher Klarheit«, träumte Suleika, »unser Vater Abraham erkannte dies schon in einem nächtlichen Traumbild, und er vernahm, seine Nachfolger sollten sich so vermehren wie das leuchtende Heer der vielen Sterne am Himmel der Nacht.« – »Gewiß«,

erklärte Olga, »und das Wort des Allerhöchsten der Welt wurde Wirklichkeit. Dem Abraham wurde ein Sohn geboren, im hohen Alter dazu, und dieser wurde zum Ahnherrn eines großen Volkes. Das Versprechen für Abraham war eine Sternstunde der Welt. Immer wenn sich eine Sternstunde wiederholt, so wissen es die Weisen lange zuvor, vielleicht weil sie mit ihren hellen Augen Liebende sind. Sie berichten, ein mächtiger Stern erscheine am Himmel und bringe eine neue Zeit voll unvergänglicher Wunder und heller Hoffnung. Allen Menschen, die diesen Stern sehen, wird das Herz aufgehen und weit werden. Sie werden auch das Geheimnis der Zeit verstehen«, setzte Olga verschmitzt hinzu und verschwand hüpfend in einer dunklen Erdhöhle.
Und so begab es sich, das Suleika unter ihren Lämmern und Ziegen mit der Erfahrung sinkender und wachsender Zeit und mit der Hoffnung auf ein Wundertor in ihrem Herzen einem Stern zuträumte, an den sie fest glaubte und dem sie schon vorzeitig alle ihre Lieder der Lebensfreude und der Trauer auf ihrer Flöte vorspielte.
Immer wenn ihre Träume laut erklangen, hatte sie zuinnerst das Gefühl, als müßten sie tief nach innen tauchen, in das Reich ihrer Seele, und als sollten sie die Kunst ihrer Flöte

erweitern, damit sie beim Aufleuchten des großen Sterns alle Töne der Welt wundervoll beherrsche zu gewaltigem Spiel, erfüllt mit der Würde und dem Tanz der Freude und Eintracht, der auch die irdische Zeit wandeln könnte in ewiges Bleiben.
Eines Tages aber durchzog eine aufregende Neuigkeit das ganze Land, zunächst vorsichtig geflüstert, dann aber schneller verbreitet als ein Blitz in der Gewitternacht, weil diese Botschaft nahezu ungeheuerlich war. Da sei irgendwo im Lande der neue König der Juden geboren, und drei weise Männer aus dem fernen Morgenland seien seit Monaten mit großem und farbenprächtigem Gefolge unterwegs, um ihn ausfindig zu machen und ihre Gelehrsamkeit zu bestätigen. Ihre Sicherheit aber beruhe auf einem leuchtenden Stern, der ihnen vorausziehe, um so den jungen Herrscher nach uralter Weissagung zu verkünden und ein neues Zeitalter auszurufen.
Nun, dieser gewaltige Stern müßte wohl bei aller Bewunderung seiner Statur ein drolliger Bursche sein, so wurde berichtet, wenn nicht gar ein übler Scharlatan. Denn bisweilen tanze er so bezaubernd vor ihnen her, auf und nieder und mit elegantem Schwung, daß alle, die ihn zu Gesicht bekommen hätten, den Atem anhielten, aus Sensationslust natürlich, viel-

leicht auch wegen seiner seltenen Pracht und Fähigkeit. Das ist halt so bei den Menschen: Schönheit weckt Neugier.
Andererseits aber verschwinde der Stern tagelang und halte sich verborgen wie Adam im Paradies, als er sich verständlicherweise schämte und wegen seiner einmaligen Dummheit unsichtbar machte.
Die allerneueste Botschaft jedoch machte inzwischen die Ankunft der drei Weisen in der Hauptstadt Jerusalem kund, wo König Herodes sich nichtsahnend gab – aus Hinterlist freilich und aus Bosheit. Aber was mochte das die Einfachen und Stillen im Lande kümmern, erst recht nicht die Weisen, die zu allen Zeiten meist genau wissen, wann Reden Silber bedeutet und Schweigen Gold. Der Stern aber sei plötzlich wieder so leuchtend gegenwärtig und so aufgeregt lebendig, daß alle, die das Schauspiel miterlebten, der Meinung waren, das verkündete neue Zeitalter könne jetzt nicht mehr aufgehalten werden. Es war allzu menschlich, daß sich alle darauf einstellten. Denn man konnte ja nie wissen, was die Zukunft noch alles zu bieten habe und welche Rolle der Stern darin spiele. So gehörte Suleika mit zu jenen, die sich sofort auf den Weg machten, um den Stern anzuschauen und ihn gebührend zu bestaunen. Sie nahm ihre Flöte

mit und natürlich auch alle ihre Schafe und Ziegen. Sie zog zu jenem Stall in der Nähe von Betlehem, wo der junge König merkwürdigerweise Residenz halten sollte.
Suleika kam gerade zu dem Zeitpunkt an, da die drei Weisen aus dem Morgenland mit ihrem seltsam anmutenden Gepränge und Gefolge Einzug hielten, um das Kind in der elenden Ärmlichkeit dieser Behausung zu bewundern und ihm zu huldigen.
Was meint ihr? Genau über dem Dach dieser kläglichen Notunterkunft am Rande der Welt und der Macht blieb auch der Stern mit einem festen, entschiedenen Ruck stehen, erfüllt von einer solch berauschenden Helligkeit, daß die Menschen und Tiere zunächst nicht wußten, wen sie mehr bestaunen sollten, die schlichten Eltern mit ihrem neugeborenen Königssohn oder eben diesen Superstern, der das Dunkel der Welt endgültig zu vertreiben schien.
Als Suleika unwillkürlich niederkniete mit den Weisen und Hirten, den Schafen und Ziegen, unter den Engeln des Himmels und den Schaulustigen der Erde, da warf der Stern seinen lichten Schweif ab und zeigte so mit beachtlicher Bescheidenheit, daß er im Dienst eines Größeren stand, ja des Größten der Welt.
Die erhoffte Sternstunde war gekommen und damit die Wende der Zeiten. Als Suleika end-

lich auch an die Reihe kam, um voll ehrfürchtiger Bewunderung dem Kind und seinen Eltern ihre ganz persönliche Aufwartung zu machen, da erkannte sie plötzlich mit unendlicher Freude, daß ihre einfache Flöte ein edles Instrument geworden war. Der Stern hatte es mit seinem hellen Strahl durchfahren und die Löcher und Töne wunderbar vermehrt. Ihr Herz und ihre Hände hatten zugleich eine Wendigkeit erlangt, wie sie eben nur eine Sternstunde schaffen kann – unter den Augen eines göttlichen Kindes, das lächelt und segnet.

Seitdem ahnte sie das Geheimnis der fließenden Zeit, die mit einem herrlichen Reigen eingeht in das bleibende Reich eines Königs, der geboren werden will im Herzen eines jeden Menschen. Aber um das zu verstehen, müssen im Menschen Gefühl und Verstand zu einer festen Einheit zusammenwachsen.

Suleika erhielt in dieser Stunde die seltene Gabe, die Menschen die Flötentöne des Lebens zu lehren, und zugleich begriff sie auf der Stelle, daß immer dann, wenn im Menschen Herz und Hirn zusammenklingen in einer Melodie von Einfalt und Zauber, Freude und Glück, der Schöpfer allen Lebens geehrt wird und die Menschen mit Recht sagen: »Da geht ein Stern auf!«

Simmi,
der Kameltreiber

Im Gefolge der drei Weisen aus dem Fernen Osten, die viele Monate hindurch durch öde Sandwüsten unterwegs waren, angeblich, um den neuen König der Juden aufzusuchen und ihm ihre Verehrung zu bezeugen, befand sich auch ein junger Kameltreiber, der eigentlich Simeon hieß. Aber dieser war mit seiner glänzenden, schwarzen Haut und dem kurzen, gekräuselten Haar so liebenswert, ja geradezu ein Tausendsassa munterer Fröhlichkeit, daß ihn alle, Melchior mit seinen Dienern, aber auch Kaspar und Balthasar, einfach nur Simmi nannten, was natürlich so etwas wie ein Kosename war.

Nun, wie es sich auch verhielt, Simmi war ein lebendiges Bürschlein mit einem flinken, hilfsbereiten Naturell und immer erfüllt von Lebenslust und drolligen Einfällen, wenn es etwa darum ging, die Schwermut seiner drei Herren aufzumuntern, deren gelehrte Weisheit nicht selten in geradezu aussichtslosen Sackgassen zu enden schien und sich dann die Vergeblichkeit ihrer waghalsigen und obendrein auch kostspieligen Reise andeutete.

In solchen Fällen zog Simmi gewöhnlich seine Fiedel aus dem Reisesack und spielte zum Tanz auf. Oder er griff nach seiner Flöte, die er so erregend frisch zum Klingen brachte, daß allen das Herz angerührt wurde und sich alle

dunklen Wolken der Unlust, des Zweifels und der Trauer mit einem Male auflösten. Überdies vermochte er seine Glieder, ja den ganzen Körper so elegant und geschmeidig zu seiner Musik zu bewegen und seine Augen so begeistert zu rollen, daß alle Zuhörer unwillkürlich in seinen Bann gezogen wurden. Er selbst hinwieder, der den Zauber seines Spiels natürlich empfand, kam mit seinen eigenwilligen Melodien und Rhythmen nahezu nie an ein Ende, so bewegt war er von seinem eigenen Auftritt.
Aber große, aufwendige Reisen bedeuteten gewiß nicht nur, ständig unterwegs zu sein, so abwechslungsreich und farbig das auch sein mochte. Reisen haben ein Ziel. Kaspar, Melchior und Balthasar warteten auf eine Ankunft unter der Führung eines Riesensterns, der offenbar sich selbst nicht sicher und deshalb unzuverlässig war. Bald zitterte er vor Vergnügen in leuchtender Helle, bald blieb er blaß und steif an seiner Stelle hocken, als gehe ihm lustlos der Atem aus.
Gerade in dieser Lage hatte Simmi das unbestreitbare Verdienst, die drei Weisen mit ihrem zahlreichen Gefolge in allen Hautfarben der Welt – in Schwarz nämlich, in Weiß und Gelb – begleitet und sie alle bei sinkendem Mut auch erheitert zu haben. So waren sie alle trotz des wankelmütigen Sterns wohlbehalten an das

Traumziel ihrer Reise gelangt, neben den Menschen auch die unendlich vielen Tiere, die Elefanten und Kamele, die Dromedare und Esel, die Pferde und selbst die Maultiere, die schon immer unbeachtet die schweren Lasten des Alltags zu tragen hatten – unerfindlich im Grunde, warum gerade sie.

Bei der festlichen Ankunft der drei Weisen an der Krippe zu Betlehem aber kam die Stunde der Enttäuschung für Simmi, den Kameltreiber. Er ließ die Flügel seines Herzens sinken und wurde nun selbst traurig und mutlos. Nicht etwa deshalb, weil der erwartete goldene Königspalast des jungen Herrschers sich als elender stinkender Stall am Rande der bürgerlichen Welt offenbarte und vom Glanz eines Festes auch nicht ein Hauch zu spüren war. Nein, das wurde aufgewogen von der gewaltigen Botschaft, Gott habe seinen ewigen Sohn Mensch werden lassen, Bruder der Menschen und Retter aus mancher betrüblichen Not.

Nein, Simmi erkannte, daß seine Dienstherren in all ihrer Klugheit auf den Besuch bei dem Mächtigsten der Welt glänzend vorbereitet waren, von ihrer Aufwartung beim Herrn über Himmel und Erde ganz zu schweigen. Sie hatten eindrucksvolle Gaben zur Hand: Gold, Weihrauch und Myrrhe. Simmi konnte zwar ihren Wert nicht abschätzen, aber ihre Einmaligkeit bestaunte er dennoch mit großen Augen und mit der Bewegtheit seines Herzens, die den Menschen seines Heimatlandes eigentümlich ist.

»So wechseln die Rollen!« klagte Simmi wehmütig. Was hatte er denn zu bieten? Schließlich war Gottes Sohn auch für ihn Mensch geworden, nicht nur für die Großen und Mächtigen der Erde.

Aber als er sich umsah in dieser kläglichen Residenz, dann konnte er auch nicht dem unbeschreiblich herrlichen und reinen Gesang der himmlischen Engel eine gleichwertige Leistung entgegensetzen, verständlicherweise, mußte Simmi zugeben. Wenn schon bei der Geburt eines neuen Königs ein großer und bewährter Chor aus dem eigenen Land auftritt, um alle Gäste und Besucher zu erfreuen und überdies Freude und Dankbarkeit zu bezeugen, dann war höchstes künstlerisches Können geboten, außerdem nicht gerade Konkurrenz aus dem Ausland, erst recht, wenn – wie in diesem bedeutsamen Fall – der Allerhöchste der Welt der eigentliche Veranstalter und Gastgeber beim Feste der Geburt seines Sohnes war.

Aber – so dachte Simmi – bei einem solchen Ereignis von entscheidender Tragweite im

Ablauf und im Schicksal der Welt müßten doch auch die anspruchsloseren Künstler, die kleinen ohne Namen und gewöhnlich ohne Gage, eine Chance erhalten. Kaum hatte er das gedacht, so sah er unter den vielen Tieren an der Krippe den Affen so drollige Grimassen schneiden, daß selbst die ernsten Eltern des göttlichen Kindes plötzlich lächeln mußten. Und der Pfau schlug eitel ein Rad, der Frosch quakte selbstbewußt und wetterwendisch zugleich. Der Schmetterling jedoch klappte nur schweigend seine bunten Flügel zusammen – zu stiller Anbetung.
Da wurde auch Simmi wieder fröhlich, wie es seiner Lebensart entsprach, und er hüpfte vor Freude auf einem Bein. Wenn schon Gottes Sohn geboren wurde, so dachte er sich, im tiefsten Grunde nur, um die dunklen Kulissen der Welt aufzulichten und den Menschen ein neues Herz zu schenken voll Freude und Hoffnung, Zuversicht und poetischer Phantasie, dann müssen gewiß alle Menschen vor ihm gleich sein und alle ihren unbeschwerten Auftritt haben dürfen. Gesetz Nummer eins – erklärte Simmi mit einem Schimmer von Weisheit in seinen Augen: Er liebt alle! Er schenkt jedem das Seine, jedem anders, aber jedem wundervoll einmalig. Plötzlich empfand er den Mut, sich auch an die Krippe zu

wagen, in gebührendem Abstand freilich und in der Haltung der Ehrfurcht. Er zog seine Flöte aus dem Rucksack, ließ alle dunklen Beschwernisse fallen und alle Bedenken beiseite.

Vor dem freundlichen Kind in der Krippe spielte er auf seine Weise so fröhlich und frei und eigenständig auf, daß selbst die Engel des Himmels mit glühenden Augen ihre Ohren öffneten und lauschten – andächtig sozusagen. Simmi indes beugte sich vor und zurück, er wog sich in den Hüften und rollte ausdrucksvoll seine Augen. Er spielte völlig auswendig flotte, bewegte Rhythmen und dann wieder laut und leise in bedächtigem Maß, so daß auch das Gotteskind in der Krippe ob der unvermuteten Neuigkeit dieser Kunst seine winzigen Hände freudig im Takt bewegte.

Und was meint ihr wohl! Es geschah eine Wandlung, wenn nicht gar ein echtes Wunder. Nun ja, recht bedacht, haben an der Krippe von Betlehem Wunder einen gültigen Platz. Dem eleganten Schwung der tänzerischen Bewegung Simmis fügte sich plötzlich seine schlichte Flöte einfühlsam ein. Sie zog sich zu einer langen, gewundenen Pfeife, die sich dem Rhythmus und den singenden, schwingenden Melodien dieser lebendigen Musik anpaßte. Dazu hatte sie auf einmal einen so eigenarti-

gen, dunklen Klang, als blase der Künstler vor allem durch die Nase, ja aus den tiefen, dunklen Gründen des menschlichen Herzens. Ein völlig neues Musikinstrument war geboren an der Krippe des Königskindes. Aber sagt selbst, ist dieser Umstand so merkwürdig, wenn man bedenkt, daß der allmächtige Gott selbst schon einmal, freilich lange, lange zuvor, dem Menschen seinen göttlichen Atem durch die Nase eingehaucht hat?

Simmi, der das Wunder der Verwandlung mit Entzücken wahrnahm, gab augenblicklich und ohne auch nur im geringsten zu zögern, seiner veränderten Flöte, die er zuvor aus dem Reisesack genommen hatte, einen echten Künstlernamen: Saxophon.

Seit dieser Stunde verstand Simmi, daß vor dem Höchsten der Welt niemals die hohe Stellung und die reichen Gaben entscheidend sind, sondern das offene und wandlungsfähige Herz.

Er wurde an der Krippe zu Betlehem zum Vater einer wunderbaren klangvollen und beliebten Musik, die seitdem fähig ist, die Herzen der Menschen zu verändern in einem heißen Tanz voll Rhythmus und Lebensfreude.

Ist es nicht wundervoll, daß die Schwarzen in aller Welt ihn am besten beherrschen, weil Simmi, der hübsche Junge mit dem schwarzen

Künstlerhaar und dem lebhaften Herzen, ihn erfand in einer Stunde, die unvergeßlich geblieben ist in der Geschichte der Welt und der Menschen – bis heute?

Malaika,
der schwarze Engel

Der Engel zwischen den Wolken der uralten Himmelspforte hatte auf seinem hohen Sitz gewiß schon viel erlebt. Aber was sah er nun? Es hätte ihm nahezu den Atem geraubt, wenn er nicht eben zu den erlauchten Bewohnern des Himmelreiches gehört hätte, denen ja nie so schnell die Puste ausgeht wie den Menschen bei ihrem geschäftigen Treiben auf der Erde da unten. Aber dennoch! Eine so listige Gestalt hatte er wahrlich noch nie zuvor an seinem Wundertor erblickt, dazu so klein, daß sie, wenigstens damals noch, bequem in einem Fingerhut hätte übernachten können. Zudem war dieser putzige Kerl tiefschwarz, schwarz wie die Nacht vor dem ersten Sonnenaufgang der Welt, und selbst der ehemalige Engel Luzifer hätte sich nach seinem Sturz in die finstersten Abgründe bestimmt erschrokken, wenn er diesem dunklen Gesellen unerwartet begegnet wäre.

»Wo kommst du denn her?« fragte der Engel verwundert und schob eine undurchsichtige Wolke sanft beiseite, ein wenig neugierig auch, verständlicherweise.

»Das fragst du? Du solltest doch wissen, woher alles kommt«, erwiderte der Kleine naseweise. »Wir sind Brüder.«

»Wir sind Brüder?« wiederholte der himmlische Türsteher erstaunt und ungläubig. Er

hob dabei fragend seine Augenbraunen, setzte eine Amtsmiene auf und zog die dünne Himmelsluft so vernehmbar ein, daß seine Nasenflügel bebten und die Federn seiner breiten Flügel wie bei einer unerhörten Neuigkeit sichtlich erzitterten. »Wir sind Brüder? Ha, ha, du bist ja schwarz!«
»Schwarz ist schön! Und dein Weiß ist Zufall«, war die kecke Antwort.
»Potztausend! Du bist flink mit der Zunge«, rief der Engel, und er richtete sich selbstbewußt zu seiner vollen Größe auf, wie er es immer tat, wenn sein Amt der Achtung bedurfte. »Wie heißt du? Und wo willst du hin?« fragte der mächtige Wächter des Himmelreiches streng.
»Hinein!« war die bündige Antwort, und ihr glaubt es nicht, gerade weil der Engel sich aufgerichtet und die ganze Herrlichkeit seiner Größe offenbar gemacht hatte, konnte der kleine Dunkle mit einem winzigen Satz unter den Flügeln hindurchhuschen, ganz wie es bisweilen auch auf Erden geschieht, wenn die Menschen sich gar so wichtig nehmen und ihre angebliche Macht zum Denkmal ihrer eigenen, tolpatschigen Dummheit aufplustern.
Da stand nun der Kleine, mitten in der ersehnten Weite und Vielfalt und Schönheit des Him-

mels und freute sich. Ja, er freute sich bis tief ins Herz hinein. Denn er wußte zu gut, daß jeder, der dieses Land mit all seinen kurzweiligen Spielen, den Sternen und den duftenden Blumen einmal betreten hatte, es nie wieder verlassen mußte – zu einem Kurzurlaub ausgenommen, freilich! –, ganz gleich, wie er hineingelangt war: durch die Tugend eines langen Lebens oder mit der munteren List eines kurzen Augenblicks.

»Du aufgeblasene Sommersprosse!« ließ sich der Herr der Himmelspforte vernehmen. Es war deutlich eine Spur Ärger in seiner Stimme.

»Du aufgeplustertes Federvieh! Du gerupfter Himmelshahn!« war das Echo.

Da lachte der hohe Himmelswächter. Denn er war klug genug zu erkennen, daß er ein Opfer seiner eigenen Hoheitsgefühle geworden war, und mit ihm lächelten selbst die ernstesten Engel im Himmel ob der Schlagfertigkeit ihres jüngsten Mitglieds.

Natürlich wurde der schwarze Schlingel sofort zum Liebling der himmlischen Heerscharen. Er war ja auch wirklich der einzige dunkle Punkt im Lichterglanz des Himmelreiches, und alle lobten die Weisheit des Allerhöchsten, der auch in seiner nächsten Nähe keine Eintönigkeit duldete und kein Vorurteil, sondern Vielfalt liebte und die Freude dazu.

Gott, der Herr, nannte ihn augenblicklich Malaika, mit einem Kosenamen, der im Land seiner Herkunft soviel wie »schwarzer Engel« bedeutet.

Malaika wurde der Schutzengel für einen ganzen Erdteil, und ihr könnt euch vorstellen, mit welchem Wohlgefallen und mit welcher Liebe er sorgfältig durch die Wolken schaute und die Papageien seiner Heimat betrachtete und die Krokodile, Affen und Elefanten, von den schwarzen Schönheiten im Lendenschurz gar nicht zu reden.

Malaika wurde zu einem ansehnlichen Engel, zu einer Prachtausgabe in Schwarz gleichsam, mit großen, prächtigen Flügeln und mit einem Herzen voll unendlichem Glück. Er besuchte die weiten Gefilde des Himmels, auf denen auch damals schon viele Glückliche lebten, große Engel mit wichtigen Ämtern, aber auch ganz kleine, die nur bescheidene Aufgaben übernehmen sollten, etwa die Noten für den himmlischen Gesang zu ordnen oder – was schon schwieriger war – die Harfe des Erzengels Gabriel zu stimmen. Und was meint ihr wohl, welche Fülle an Arbeit es bereitete, jedem der Auserwählten einen passenden Heiligenschein zu schmieden, je nach Verdienst aus Gold, Silber oder aus deftigem Eisen, und – was ebenso anstrengend ist – ihn auch

sauber und glänzend zu halten für die zahllosen Feste. Ihr irrt euch gewaltig, wenn ihr glaubt, daß die meisten Erdenbewohner, die auch in jenen Zeiten an der Himmelspforte um Einlaß baten, ihren Heiligenschein schon bei sich gehabt hätten und nur noch feierlich damit hätten bekrönt werden müssen. Nein, ganz und gar nicht! Das sind immer nur wenige Auserlesene, und die wissen es nicht einmal, daß sich in ihrem Reisegepäck zum Himmel auch ein fertiger Heiligenschein befindet.

Malaika schaute mit Freude zu, mit welcher Inbrunst viele Engel die Geige spielten, andere Mandoline, manche ganz kleinen die Piccolo-Flöte oder auch, wenn die Puste reichte, die Trompete mit einem solch silberhellen Klang, daß schon die Sehnsucht und Aussicht, sie zu hören, die Augen Malaikas feucht werden ließ – vor Rührung natürlich. Und dann hörte Malaika zum erstenmal den Chor der großen und kleinen Engel, der den Lobpreis des Allerhöchsten anstimmte, das Halleluja der Ewigkeit. Einfach bezaubernd und hinreißend! Auch der Sonne wurde es regelmäßig so warm ums Herz, daß sie den Abendhimmel immer mit einem roten Lichtschein bestrahlte. Daran erkennen die Menschen auf Erden auch heute noch, daß die Engel im Chore singen und die

Sonne daran ihre helle Freude hat. Denn auch die Menschen können rot werden vor Freude. Bei einem der vielen Spaziergänge durch die herrlichen Gärten des Paradieses traf Malaika einen sanften und liebenswürdigen Berufskollegen, dem er bei seiner Arbeit zuschaute.

»Guten Morgen«, sagte Malaika. »Was tust du da?« Seine Leidenschaft war es, Fragen zu stellen.

»Ich bewege die Wolken«, antwortete der Engel und lächelte.

»Du bist ein Wolkenschieber«, meinte Malaika. »Ist das eine anstrengende Arbeit?«

»O nein«, sagte der Engel. »Aber ich muß vorsichtig sein. Ich trage Verantwortung.«

»Das klingt sehr ernst«, meinte Malaika. »Warum trägst du Verantwortung?«

»An den Wolken hängen die Träume der Menschen«, sagte der Wolkenschieber. »Ich darf sie nicht durcheinanderbringen.«

»Und warum darfst du sie nicht durcheinanderbringen?« fragte Malaika beharrlich. Er wurde neugierig.

»Das gäbe eine große Verwirrung. Kein Mensch kann leben ohne Träume«, gab der Wolkenschieber-Engel zur Antwort.

»Aber warum hängen die Träume der Menschen an den Wolken?« fragte der schwarze Engel weiter.

»Die Wolken sind hoch und weit«, meinte der Wolkenschieber, »wie die Träume …«
»Gehen denn Träume nie in Erfüllung?«
»Doch«, erwiderte der Wolkenschieber langsam und nachdenklich, »bisweilen schon …«
»Wann?« Malaika gab nie nach, wenn ihn eine wichtige Frage beschäftigte.
»Der Mensch muß arm sein, arm und offen«, sagte der Wolkenschieber. »Ja«, fügte er hinzu, »sein Herz muß rein sein.« Er wurde ganz still dabei.
»Ah!« sagte Malaika, wie er immer sagte, wenn er verstanden hatte. Dann machte er weiter seine Runde, bis er gegen Abend einem merkwürdigen Engel begegnete, der bei seiner Arbeit schwitzte vor Anstrengung.
»Guten Abend!« sagte Malaika. »Ist es im Himmel erlaubt zu schwitzen? Dazu erst am Abend? Seit wann gibt es im Himmel gar Nachtschicht?«
»Du redest nach Menschenart«, lachte der Engel. »Arbeit ist bei uns keine Mühe. Ich diene dem Wohl der Menschen.«
»Was tust du da?« fragte Malaika.
»Ich putze die Sterne. Sie müssen glänzen. Im Dunkeln wirkt nur das helle Licht. Schau den Abendstern! Leuchtet er nicht wundervoll?«
»Ja«, gab Malaika zu. »Er leuchtet wundervoll. Aber sag', wer schaut nach ihm und wer

überhaupt nach den vielen Sternen?«
»Die Menschen. Sie wollen ihr Schicksal darin lesen und ihre Zukunft erraten. Und die Zukunft der Welt«, setzte der Sternputzer hinzu.
»Verstehen die Menschen das Licht der Sterne?«
»Bisweilen«, sagte der Sternputzer. »Aber das ist ein Geheimnis, vielleicht gar ein Wunder.«
»Wann verstehen sie?« fragte Malaika, der nie eine Frage aufgab, die ihm wichtig war.
»Wenn sie Liebende sind«, meinte der Sternputzer leise. »Liebende verstehen die Sterne und deuten sie.«
»Und warum leuchten die Sterne nur nachts?« fragte Malaika erneut.
»Die Nacht ist die Zeit der Liebenden«, gab der Sternputzer zur Antwort.
»Ah!« sagte Malaika, wie er immer sagte, wenn er verstanden hatte.
So lebte Malaika, der schwarze Engel, im endlosen Glück des Himmels bei vielen Begegnungen und Schönheiten, die täglich sein Herz erfreuten.
Eines Tages aber drang eine ungeheure Nachricht über die himmlischen Fluren mit all ihren Engeln und Sternen, Wolken und Blumen – ein leises, verstecktes Gerücht zunächst, gleichsam nur zart hingehaucht, von Mund zu

Mund im Vertrauen getuschelt, als sei es nicht sicher, aber doch ganz sicher geplant. Selbst der Erzengel Gabriel, der berufene himmlische Botschafter, hob fragend seine Schultern, als habe auch er diesesmal strenge Weisung zu schweigen, was schließlich nicht mehr zu verschweigen war, weil alle es wußten: Gott, der Herr, wolle seinen einzigen Sohn in die Welt senden und Mensch werden lassen, ja Bruder der Menschen, geboren von der Jungfrau Maria.
O welch eine Freude! Die Engel strahlten, und ihre Herzen bebten vor Glück. Sie jubilierten und besangen diese Botschaft. Denn eine gewaltig große und nie geahnte Stunde der Welt sollte anbrechen und die Menschen retten aus so mancher trostlosen Traurigkeit. Vielleicht aber hatte Gottvater in seiner unendlichen Weisheit und aus der Kenntnis all seiner Geschöpfe seine Absicht selbst – in strengstem Vertrauen, versteht sich! – leise ausgestreut, weil er wußte, keine Wahrheit der Welt komme schneller zum Ziel als ein Gerücht – auch im Himmel.
Da aber nun alle Himmelsbewohner diese Freudenbotschaft vernommen hatten, sollten auch die Menschen sie erfahren, allmählich natürlich, zuerst durch den Erzengel Gabriel die Jungfrau Maria, dann Elisabet, ihre Ver-

wandte, danach Josef, in vorsichtigem Abstand und deshalb im Traum. Wie hätte man ihm auch eine so unglaubliche Wahrheit offen ins Gesicht sagen können, sagt einmal selbst! Das hätte auch Gabriel kaum gewagt bei all seiner hohen Kunst, die tiefsten und heiligsten Dinge nur in Andeutungen zu verkünden.

So nahte das große Ereignis, und Josef nahm gehorsam seine Frau, die künftige Gottesmutter, zu sich, um mit ihr nach Betlehem zu reisen, in die Stadt der Väter. Denn es stand eine Volkszählung bevor, von den Machthabern des Landes angeordnet, und jeder mußte sich dort einschreiben lassen, wo er geboren war. Ist es nicht ein tröstliches Zeichen, daß Gott seinen Sohn nicht in der Hauptstadt Jerusalem mit ihren Palästen und Gärten, dem lärmenden Treiben der Menschen und dem farbigen Leben der Märkte zwischen Oliven, Feigen und Melonen zur Welt kommen ließ, sondern im elenden Betlehem, ja genaugenommen nicht einmal dort? Nein, in keiner Herberge dieses armseligen Städtchens war eine Bleibe für sie, weil die Mittel fehlten. Maria und Josef waren arm und bezogen deshalb einen baufälligen Stall, abseits und unbeachtet, nur bestaunt von einem dicken, schwerfälligen Ochsen und einem Esel, der mürrisch war und bei seiner Lustlosigkeit gar nicht ahnte, was die Vorsehung für ihn und seinen grauen Rücken noch alles bereithielt. Und das war gut so. Wie unerträglich, auch für angehende Heilige, wäre sonst seine üble Laune geworden!

So lagen Ochs und Esel vereint auf ihrem Stroh und wunderten sich maßlos. Das mochte ihre Art der Anbetung sein, vielleicht auch nur die bequemste Weise, die merkwürdigen Vorgänge um sie in ihr bescheidenes Weltbild einzuordnen. Draußen jedoch, auf den Fluren vor Betlehem, geschah ein riesiges Wunder. Dort lagerten die Hirten mit ihren Schafen und Ziegen in einer abscheulich kalten Nacht, von fallenden Sternschnuppen – wie sie meinten – am Schlafen gehindert und vom freundlichen Vollmond gutmütig beglänzt. In Wirklichkeit aber waren die Sternschnuppen nichts anderes als blitzschnelle Lichtstrahlen des Himmels, auf denen viele Engel, große und niedlich kleine, herunterfuhren.

Plötzlich stand mitten unter den Hirten, die erschreckt zusammenzuckten, in lichtem Gewand Gabriel, der Herold des Herrn, und er rief mit lauter Stimme: »Fürchtet euch nicht! Siehe, ich verkünde eine große Freude! Euch allen! Heute ist euch in Betlehem der Retter geboren, der Verheißene, der Herr! Und dies wird euch ein Zeichen sein: Ihr werdet das Kindlein finden, in Windeln gehüllt und in einer Krippe liegend.« Mit einem Mal umstanden ihn Engel, eine gewaltige Zahl, in strahlender Freude, und sie sangen: »Ehre sei Gott in der Höhe und Friede allen Menschen auf Erden!« Sie jubilierten so ergreifend, so zu Herzen gehend, eben himmlisch, daß die Hirten fast in Verzückung geraten wären, wenn nicht das verwunderte Blöken ihrer Schafe sie in die irdische Wirklichkeit zurückgerufen hätte.

Wie überaus glücklich aber war Malaika, trotz seiner schwarzen Hautfarbe mit zu den auserwählten Engeln zu gehören zu dürfen, die Gottes Menschwerdung auf Erden besingen sollten. Er stand in der ersten Reihe des Engelchores, pechschwarz und das Notenblatt in seinen Händen. Er blitzte mit seinen schneeweißen Zähnen und sang so begeistert, daß selbst die Fixsterne am Himmel versucht waren zu tanzen, und das ist doch einmalig, nicht wahr? Malaika rollte mit seinen Augen vor Freude, was bei den Mohren ein Zeichen von Rührung sein soll. Auch der Mond konnte bei diesem Anblick seine Ergriffenheit nicht ganz verbergen, und Malaika bemerkte, mit stillem Vergnügen übrigens, wie der himmlische Wolkenengel ihm taktvoll eine dünne

Wolke zuschob, hinter der sich der Mond unauffällig zurückziehen, vielleicht aber auch gerührt schneuzen konnte, wer weiß!
Und als Malaika die einfältigen Hirten sah, die in ihrer Armut einfach alles glaubten und annahmen, was sie selbst bisher nur zu träumen gewagt hatten, da erinnerte er sich, daß in Wahrheit die Träume der Armen bisweilen erfüllt werden. Bis heute erblicken die Menschen auf Erden nicht selten Wolkenlämmer am Himmel. Das sind die Träume der armen Hirten von Betlehem, und diese Träume reichen für alle Zeiten bis zu den Wolken. Das Schönste aber ist, sie wurden bereits Wirklichkeit durch das Kind in der Krippe.
Die Hirten machten sich auf zur Krippe, beladen mit ihren bescheidenen Gaben, einem runden Käse etwa oder einem Topf Ziegenmilch. Mit ihnen zog feierlich der Chor der Engel. Sie alle fanden es so, wie Gabriel auf den Feldern draußen verkündet hatte: das Kind in Windeln gehüllt und in einer Krippe liegend.
Maria und Josef wußten gar nicht, wie ihnen geschah. Sie hatten einen solch festlichen Aufzug in dieser kläglichen Behausung gewiß nicht erwartet und einen derartig reinen Chorgesang bisher nicht gehört. Maria erwog all die herrlichen Ereignisse demütig in ihrem

Herzen. Josef wandte sich ein wenig verlegen zur Seite. Nun, das mochte Mannesart sein. Auch dem dickfelligen Ochsen wurde das Herz weich, wie das leicht bei Persönlichkeiten seines leiblichen Umfangs geschieht. Er gewährte den Fliegen im Stall zum erstenmal einen Aufenthalt auf seiner wohlig warmen Nase und schlug nicht mit dem Schwanz nach ihnen. So andächtig war er.

Malaika aber stand mit seinen frommen Gefährten im Hintergrund dieser Notunterkunft und ließ alle Loblieder des Himmels erschallen – im reinsten Dur natürlich. Ach, wie freute er sich an all den Tieren, die zur Anbetung erschienen: die Lämmer und Ziegen zuerst, dann die Mäuse des Stalles, der Maulwurf, der Marienkäfer und die Fliegen und Spinnen. Nun ja, sie hatten Heimrecht hier und außerdem: Ungeziefer hat es nie weit zu den Ärmsten der Welt.

Auch die Blindschleiche, die nicht gut sah, schlich sich auf dem Bauch heran, von dem Gesang der Engel angelockt. Das Kind in der Krippe hatte offensichtlich Freude an diesem kleinen Tier. Es nahm den Daumen aus seinem Mund und wurde zum erstenmal neugierig. Da konnte die Blindschleiche plötzlich alles ringsum sehen und wurde geblendet von so viel Licht. Aus der Blindschleiche wurde die

wendige Ringelnatter, die sich seitdem ringelt vor Vergnügen und vor Lebensfreude.
Aber auch zu den Großen und Gewaltigen im Tierreich war inzwischen die Freudenbotschaft gedrungen, zu den Bären, Giraffen, Löwen, und selbst das dicke Nashorn kam heran und schielte – wie über Kimme und Korn – zielsicher über das Horn seiner kräftigen Nase. Sein Blick traf genau das göttliche Kind, das freundlich lächelte. Ach, was hoppelte und hüpfte, flatterte und flog, spurtete und sprang nicht alles herbei, um seine Aufwartung zu machen oder auch, um sich frühzeitig seinen Einfluß zu sichern! Es hieß ja nicht umsonst, der König der Juden sei geboren.
Wenn der Erzengel Gabriel nicht höchst persönlich und bei aller Liebenswürdigkeit auch streng den Besucherstrom gelenkt und die Zeiten der Anbetung gekürzt hätte, das göttliche Kind wäre zu kurz gekommen mit seinen Bedürfnissen. Welches Neugeborene sehnt sich wohl nicht nach der Brust der Mutter oder wenigstens nach dem eigenen Daumen!
Aber eines frühen Morgens nahte ein festlicher Zug. Die drei Weisen aus dem Morgenland trafen ein mit ihren Kamelen, Dromedaren und einem mächtigen Elefanten: Kaspar, Balthasar und Melchior. Der Abendstern hatte sie

geführt und sein Lichtschein ihr langes Suchen begleitet durch endlose Wüsten und Weiten. Nun waren sie endlich am Ziel. Der Stern warf seinen riesigen Schweif ab, und alles ringsum erglänzte in einem neuen Licht. Die drei Weisen legten ihre Gaben nieder: Gold, Weihrauch und die bittere Myrrhe.

Malaika aber geriet beinahe aus der Fassung. Denn er sah unter den Weisen tatsächlich einen echten Mohren, Melchior, der niederkniete und dessen schwarzes Haupthaar sich beim Anblick des Kindes – offensichtlich vor Ehrfurcht – kräuselte. Seitdem tragen die Mohren das schönste Kräuselhaar der Welt, schaut einmal genau hin!

Malaika aber wußte nun, warum diese drei weisen Männer die ganze Nacht hindurch dem aufgeregt tanzenden Stern nachgelaufen waren. Sie waren Liebende, und die Nacht ist die Zeit der Liebenden.

Indes, kaum hat sich Heiliges ereignet, naht auch schon das Böse. Das ist nun einmal so, im Ablauf der Welt seit altersher.

Der Floh, der im Fell des Bären – auf Kosten anderer, wie es seine Art ist – unmittelbar vom Hofe des Königs Herodes mitgereist war, brachte eine böse Nachricht. Er sprang dem Esel sofort mit einem gewagten Sprung ins Ohr und zischelte: »Los, auf nach Ägypten!

König Herodes sucht nach dem Kind. Er will es töten.«

Der Esel war verdrossen. Immer nur ich! dachte er vergrämt. Aber da offensichtlich auch Josef die Stimme des winzigen Flohs vernommen hatte und den Esel aufmunternd zwischen den Ohren kraulte, ergab sich der Esel seinem ständigen Schicksal, die Lasten der Welt zu tragen, auch dieses Mal.

Josef nahm behutsam die Jungfrau Maria und das Kind und setzte sie auf den Esel. Aber wer sollte sie führen? Wer kannte den weiten Weg in das fremde Land?

Und wer sollte sie schützen in den Einöden?

Da kam die große Stunde für den Engel Malaika, und er verstand nun voll unsäglichem Glück, warum er als schwarzer Engel nach Betlehem gesandt worden war. Er sollte die Heilige Familie nach Ägypten begleiten.

So geschah es. Und immer, wenn die Soldaten des Königs Herodes lärmend und suchend das Land durchzogen und das Kind in Gefahr brachten, spannte Malaika mit vorsorglicher Liebe seine schwarzen Flügel aus, und in ihrem Schatten, finster wie die Nacht, waren alle geborgen, ja wie vom Erdboden verschluckt: Maria und das Kind, Josef und der Esel. Ja, auch der Esel mußte zugeben, daß die Weisheit des Höchsten immer gewaltiger und wirkungsvoller ist als die lächerliche Macht der Menschen, so grausam und hart sie auch sein mag.

Seit dieser Stunde des schwarzen Engels Malaika wissen und spüren die Menschen, daß jeder Schatten der Welt auch seine lichten Seiten hat, und sie sagen lächelnd und dankbar, wenn im Dunkel der Tage ein Bruder helfend zur Seite tritt: Du bist ein Engel!